Impressum
Verlag: BABADADA GmbH, Nedderfeld 112 , 22529 Hamburg
Geschäftsführer / Verlagsleitung: Harald Hof
Druck: Books on Demand GmbH, In de Tarpen 42, 22848 Norderstedt

Imprint
Publisher: BABADADA GmbH, Nedderfeld 112 , 22529 Hamburg, Germany
Managing Director / Publishing direction: Harald Hof
Print: Books on Demand GmbH, In de Tarpen 42, 22848 Norderstedt

el colegio
kool

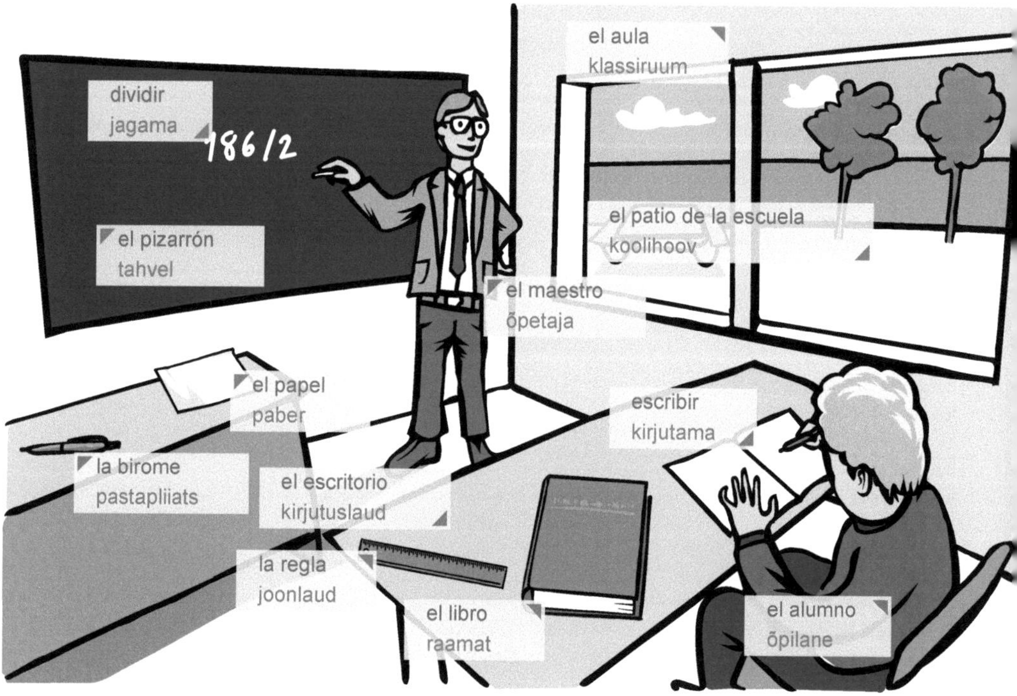
el aula
klassiruum
dividir
jagama
186/2
el pizarrón
tahvel
el patio de la escuela
koolihoov
el maestro
õpetaja
el papel
paber
escribir
kirjutama
la birome
pastapliiats
el escritorio
kirjutuslaud
la regla
joonlaud
el libro
raamat
el alumno
õpilane

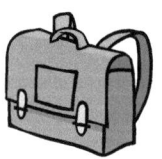

la mochila
koolikott

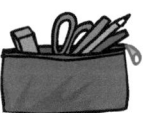

la caja de lápices
pinal

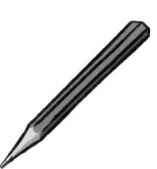

el lápiz
harilik pliiats

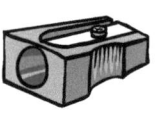

el sacapuntas
pliiatsiteritaja

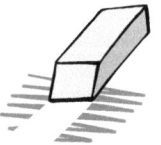

la goma (de borrar)
kustukumm

el bloc de dibujo
joonistusplokk

el dibujo
joonistus

el pincel
pintsel

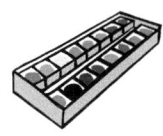

la caja de pinturas
värvikarp

la tijera
käärid

el pegamento
liim

el cuaderno de ejercicios
töövihik

la tarea
kodutöö

el número
number

sumar
liitma

restar
lahutama

multiplicar
korrutama

calcular
arvutama

la letra
täht

el abecedario
tähestik

la palabra
sõna

el texto

tekst

leer

lugema

la tiza

kriit

la lección

koolitund

el cuaderno de clase

klassipäevik

el examen

eksam

el certificado

tunnistus

el uniforme escolar

koolivorm

la educación

haridus

la enciclopedia

entsüklopeedia

la universidad

ülikool

el microscopio

mikroskoop

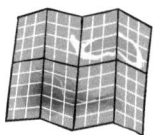

el mapa

kaart

el tacho (de basura)

paberikorv

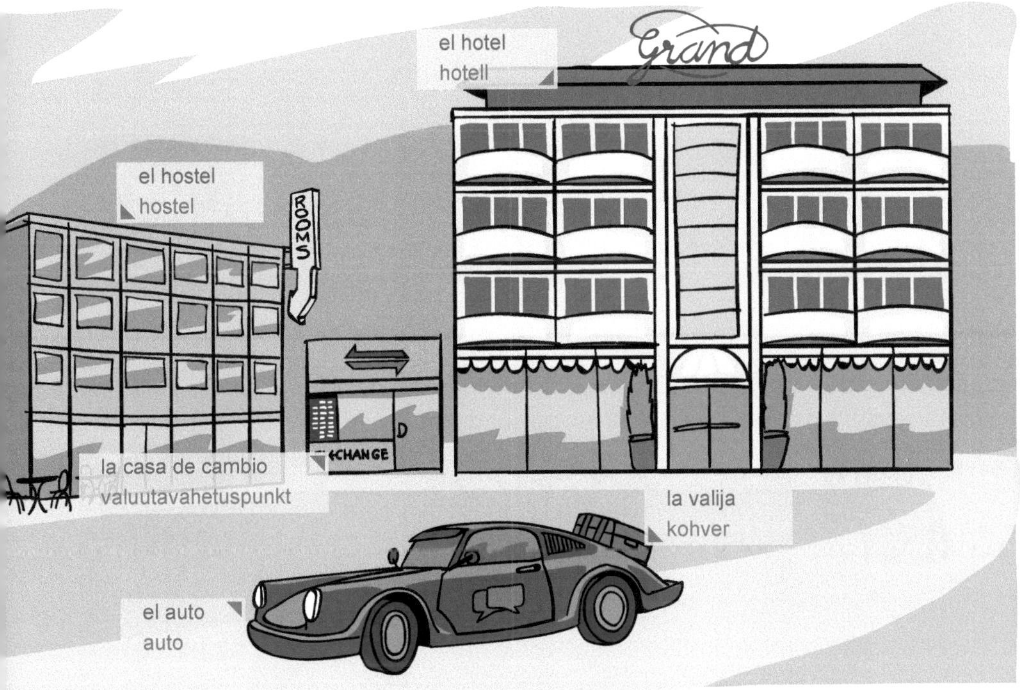

Grand
el hotel
hotell
el hostel
hostel
ROOMS
EXCHANGE
la casa de cambio
valuutavahetuspunkt
la valija
kohver
el auto
auto

el idioma
keel

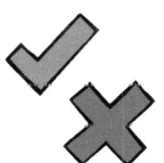

sí / no
jah / ei

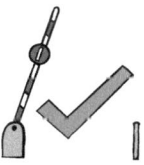

Está bien
okei

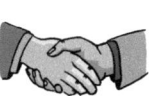

hola
Tere!

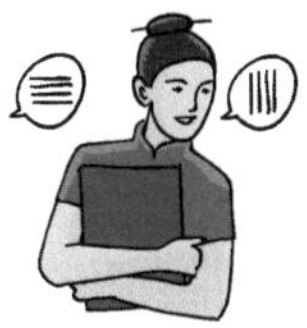

el traductor
tõlk

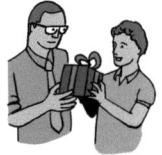

Gracias
Aitäh!

¿cuánto cuesta…?

Kui palju maksab …?

No entiendo

Ma ei saa aru

el problema

probleem

¡Buenas tardes!

Tere õhtust!

¡Buenos días!

Tere hommikust!

¡Buenas noches!

Head ööd!

el adiós

Head aega!

la dirección

suund

el equipaje

pagas

el bolso

kott

la mochila

seljakott

el invitado

külaline

la habitación

tuba

la bolsa de dormir

magamiskott

la carpa

telk

el viaje - reisimine

la información turística

turismiinfo

la playa

rand

la tarjeta de crédito

krediitkaart

el desayuno

hommikusöök

el almuerzo

lõunasöök

la cena

õhtusöök

el pasaje

pilet

el ascensor

lift

el sello

postmark

la frontera

riigipiir

la aduana

toll

la embajada

saatkond

la visa

viisa

el pasaporte

pass

el viaje - reisimine

el transporte
transport

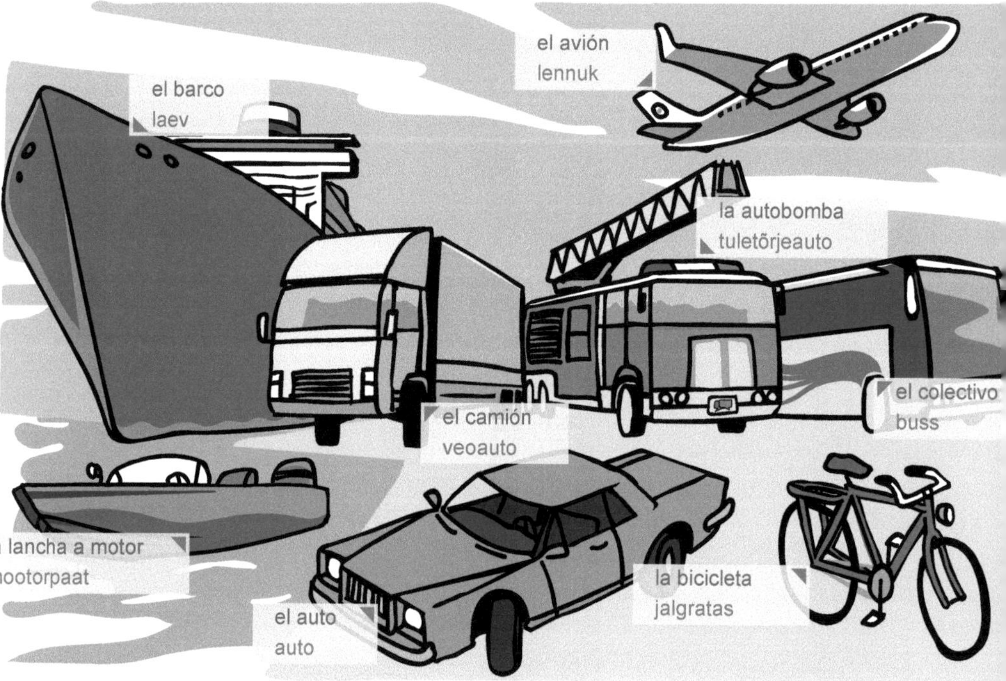
el avión
lennuk
el barco
laev
la autobomba
tuletõrjeauto
el colectivo
buss
el camión
veoauto
la lancha a motor
mootorpaat
la bicicleta
jalgratas
el auto
auto

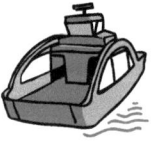

el ferry
praam

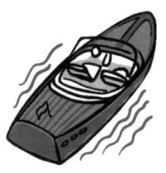

el bote
paat

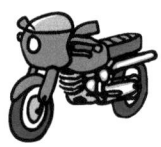

la moto
mootorratas

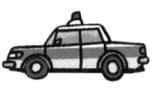

el patrullero
politseiauto

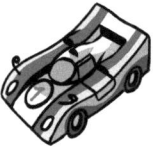

el auto de carreras
võidusõiduauto

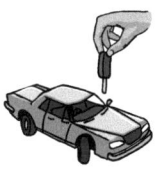

el auto de alquiler
rendiauto

el alquiler de autos

ühisauto

la grúa

puksiirauto

el camión de la basura

prügiauto

el motor

mootor

la nafta

kütus

la estación de servicio

tankla

la señal de tránsito

liiklusmärk

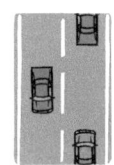

el tránsito

liiklus

el embotellamiento

liiklusummik

el estacionamiento

parkla

la estación de tren

raudteejaam

las vías

rööpad

el tren

rong

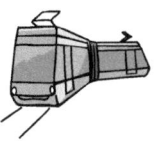

el tranvía

tramm

el vagón

vagun

el transporte - transport

9

el helicóptero

helikopter

el aeropuerto

lennujaam

la torre

torn

el pasajero

reisija

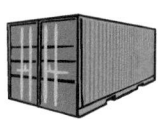

el contenedor

konteiner

la caja de cartón

pappkast

la carretilla

käru

la canasta

korv

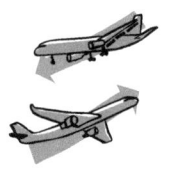

despegar / aterrizar

õhku tõusma / maanduma

la ciudad

linn

el pueblo

küla

el centro de la ciudad

kesklinn

la casa

maja

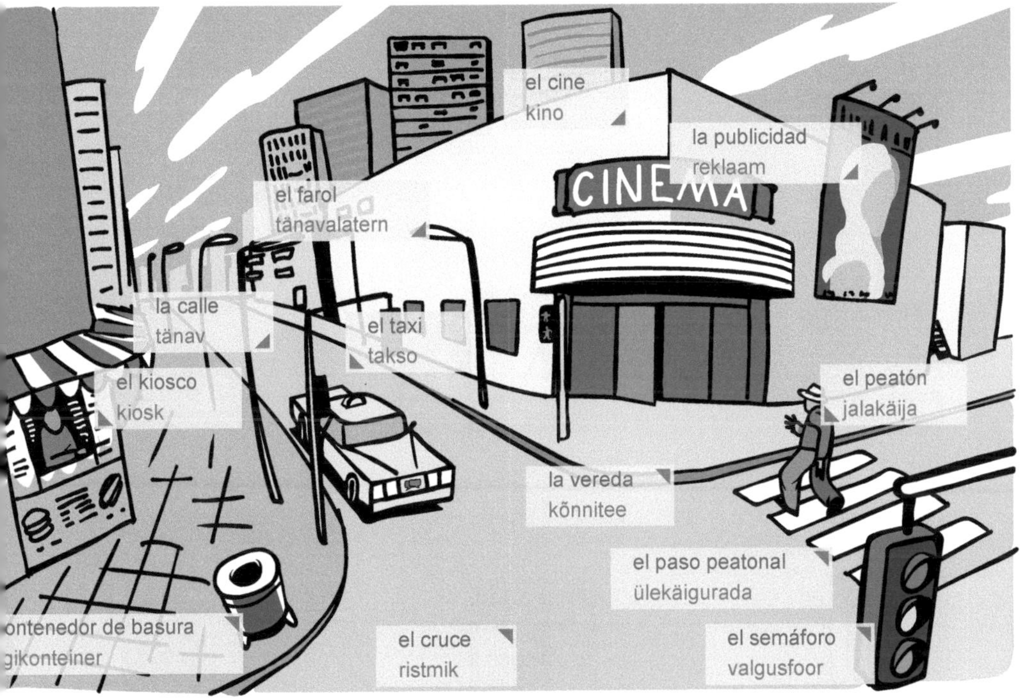
el cine
kino
la publicidad
reklaam
CINEMA
el farol
tänavalatern
la calle
tänav
el taxi
takso
el kiosco
kiosk
el peatón
jalakäija
la vereda
kõnnitee
el paso peatonal
ülekäigurada
ontenedor de basura
gikonteiner
el cruce
ristmik
el semáforo
valgusfoor

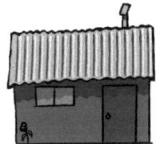

la cabaña

osmik

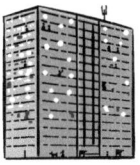

el departamento

kortermaja

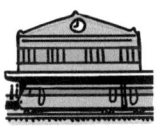

la estación de tren

raudteejaam

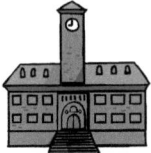

la municipalidad

raekoda

MUSEUM

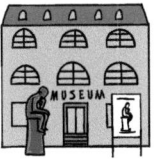

el museo

muuseum

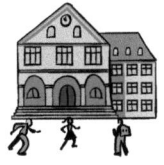

el colegio

kool

la universidad

ülikool

el banco

pank

el hospital

haigla

el hotel

hotell

la farmacia

apteek

la oficina

kontor

la librería

raamatupood

el negocio

kauplus

la florería

lillepood

el supermercado

supermarket

el mercado

turg

las grandes tiendas

kaubamaja

la pescadería

kalapood

el centro comercial

kaubanduskeskus

el puerto

sadam

el parque

park

el banco

pink

el puente

sild

las escaleras

trepp

el subte

metroo

el túnel

tunnel

la parada del colectivo

bussipeatus

el bar

baar

el restaurante

restoran

el buzón

postkast

el letrero

tänavasilt

el parquímetro

parkimisautomaat

el zoológico

loomaaed

la pileta

ujula

la mezquita

mošee

la granja
talu

la contaminación
reostus

el cementerio
surnuaed

la iglesia
kirik

los juegos infantiles
mänguväljak

el templo
tempel

el paisaje
maastik

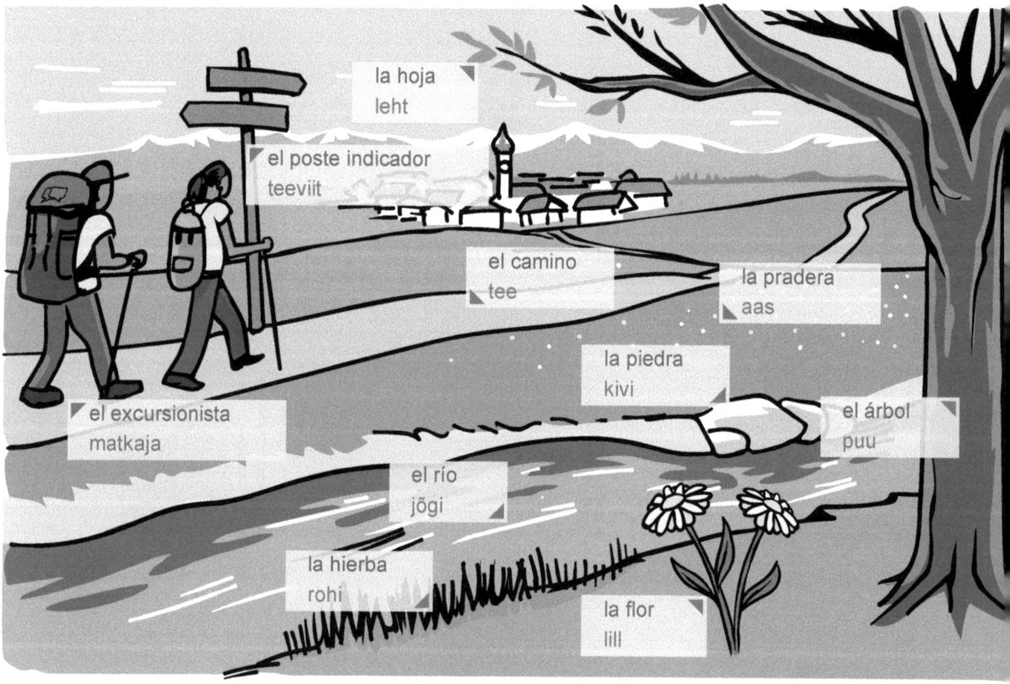

la hoja
leht

el poste indicador
teeviit

el camino
tee

la pradera
aas

la piedra
kivi

el árbol
puu

el excursionista
matkaja

el río
jõgi

la hierba
rohi

la flor
lill

el valle
org

la montaña
mägi

el lago
järv

el bosque
mets

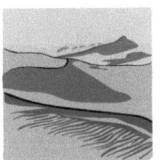

el desierto
kõrb

el volcán
vulkaan

el castillo
linnus

el arco iris
vikerkaar

el champiñón
seen

la palmera
palm

el mosquito
sääsk

la mosca
kärbes

la hormiga
sipelgas

la abeja
mesilane

la araña
ämblik

el escarabajo

mardikas

la rana

konn

la ardilla

orav

el erizo

siil

la liebre

jänes

la lechuza

öökull

el pájaro

lind

el cisne

luik

el jabalí

metssiga

el ciervo

hirv

el alce

põder

la presa

pais

el aerogenerador

tuuleturbiin

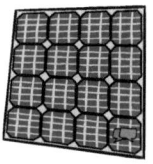

el panel solar

päikesepaneel

el clima

kliima

el paisaje - maastik

el restaurante
restoran

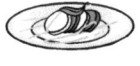

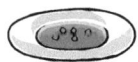

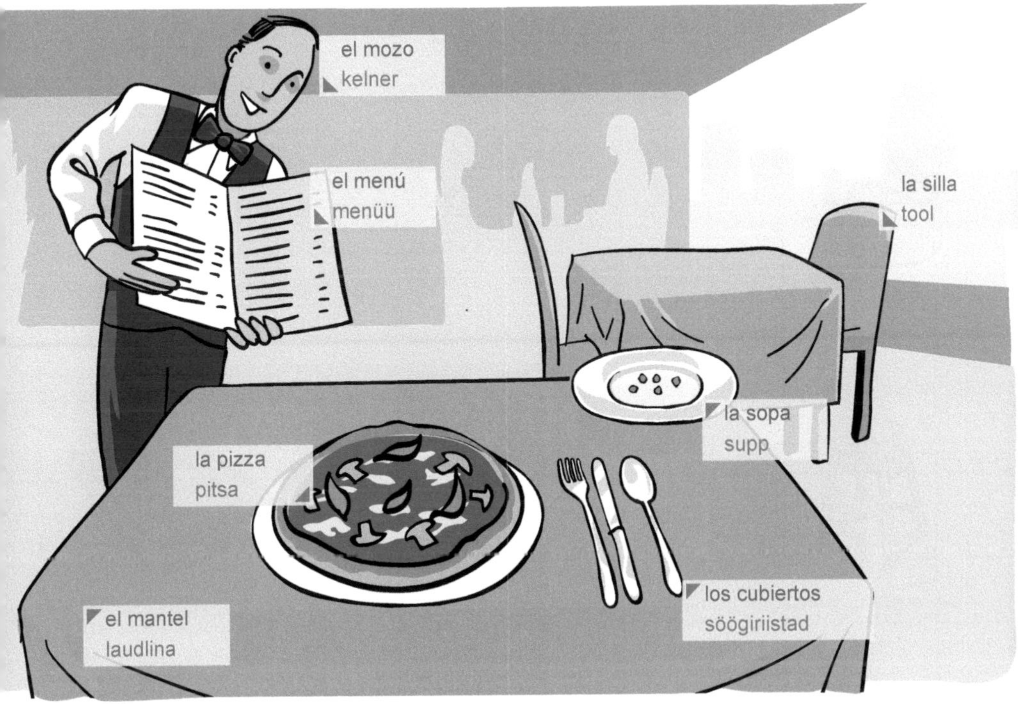
el mozo
kelner
el menú
menüü
la silla
tool
la sopa
supp
la pizza
pitsa
los cubiertos
söögiriistad
el mantel
laudlina

la entrada

eelroog

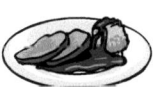

el plato principal

pearoog

el postre

magustoit

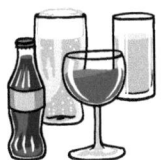

las bebidas

joogid

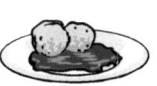

la comida

toit

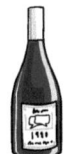

la botella

pudel

la comida rápida

kiirtoit

la comida callejera

tänavatoit

la tetera

teekann

la azucarera

suhkrutoos

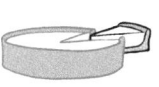

la porción

portsjon

la cafetera expreso

espressomasin

la sillita alta

lastetool

la cuenta

arve

la bandeja

kandik

el cuchillo

nuga

el tenedor

kahvel

la cuchara

lusikas

la cucharita

teelusikas

la servilleta

salvrätik

el vaso

klaas

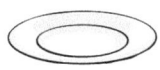

el plato

taldrik

el plato hondo

supitaldrik

el plato

alustass

la salsa

kaste

el salero

soolatoos

el molinillo de pimienta

pipraveski

el vinagre

äädikas

el aceite

õli

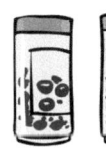

las especias

vürtsid

el kétchup

ketšup

la mostaza

sinep

la mayonesa

majonees

el supermercado
supermarket

la oferta especial
eripakkumine
FOR
el cliente
klient
los lácteos
piimatooted
la fruta
puuviljad
el changuito
ostukäru

BUTCHERS

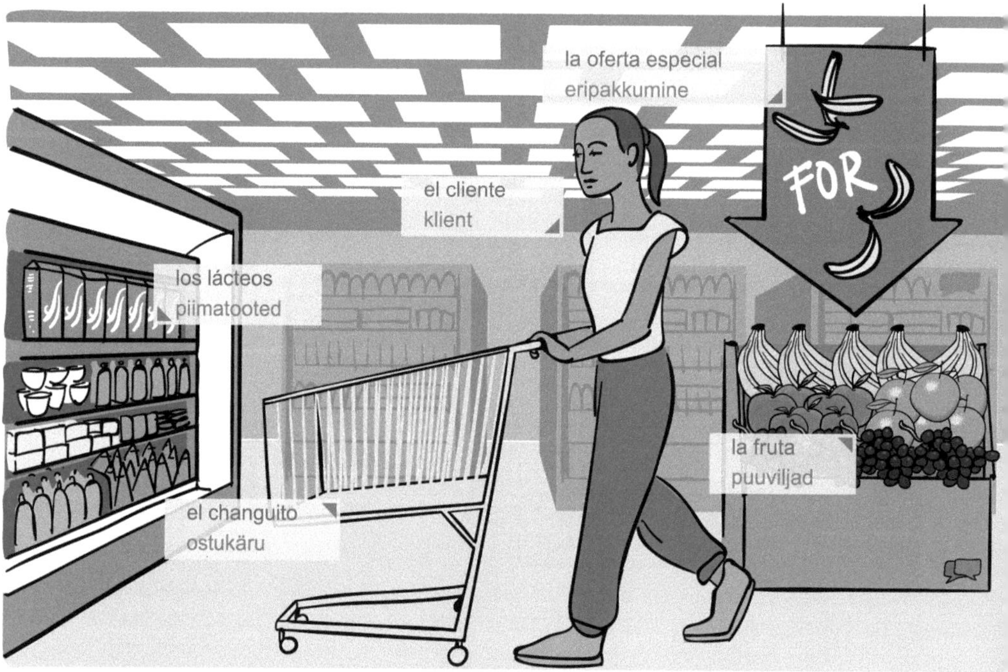

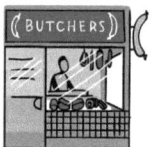

la carnicería

lihapood

BAKERY

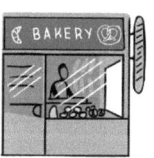

la panadería

pagariäri

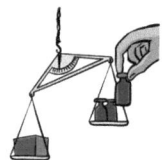

pesar

kaaluma

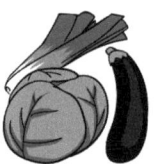

las verduras

köögiviljad

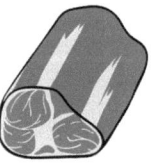

la carne

liha

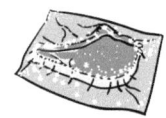

los alimentos congelados

külmutatud toit

los fiambres
lihalõigud

los alimentos enlatados
konservid

el detergente en polvo
pesupulber

las golosinas
maiustused

los electrodomésticos
majatarbed

los productos de limpieza
puhastustooted

la vendedora
müüja

la caja
kassaaparaat

el cajero
kassapidaja

la lista de compras
ostunimekiri

el horario de atención
lahtiolekuajad

la billetera
rahakott

la tarjeta de crédito
krediitkaart

la cartera
kott

la bolsa de plástico
kilekott

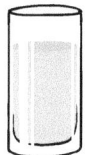

el agua

vesi

el jugo

mahl

la leche

piim

la bebida cola

koola

el vino

vein

la cerveza

õlu

el alcohol

alkohol

el cacao

kakao

el té

tee

el café

kohv

el café expreso

espresso

el cappuccino

cappuccino

la banana

banaan

la manzana

õun

la naranja

apelsin

el melón

arbuus

el limón

sidrun

la zanahoria

porgand

el ajo

küüslauk

el bambú

bambus

la cebolla

sibul

el champiñón

seen

las nueces

pähklid

los fideos

nuudlid

los tallarines
spagetid

el arroz
riis

la ensalada
salat

las papas fritas
friikartulid

las papas fritas
praekartulid

la pizza
pitsa

la hamburguesa
hamburger

el sándwich
võileib

el churrasco
šnitsel

el jamón
sink

el salame
salaami

la salchicha
vorst

el pollo
kana

el asado
praeliha

el pescado
kala

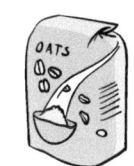

los copos de avena

kaerahelbed

el muesli

müsli

los copos de maíz

maisihelbed

la harina

jahu

la medialuna

sarvesai

el pancito

kukkel

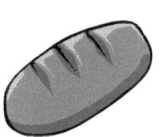

el pan

leib

la tostada

röstsai

las galletitas

küpsised

la manteca

või

la cuajada

kohupiim

la torta

kook

el huevo

muna

el huevo frito

praemuna

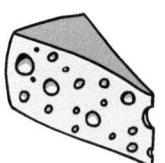

el queso

juust

el helado

jäätis

el azúcar

suhkur

la miel

mesi

la mermelada

moos

la pasta de chocolate

pähklivõie

el curry

karri

la granja
talu

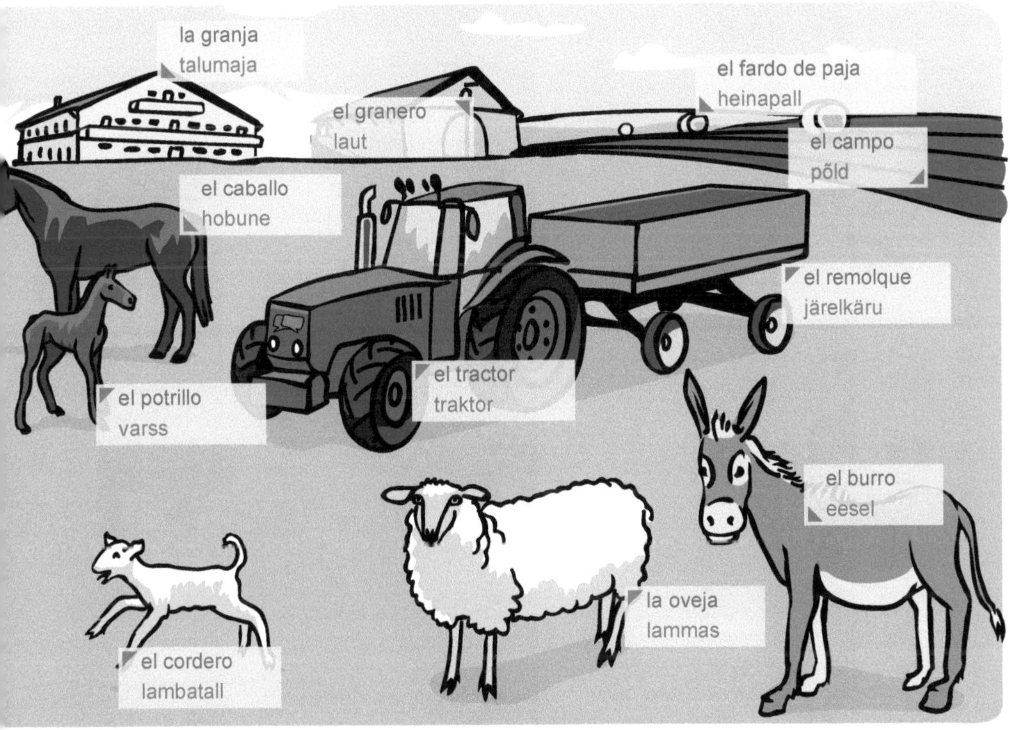
la granja
talumaja
el granero
laut
el fardo de paja
heinapall
el campo
põld
el caballo
hobune
el remolque
järelkäru
el tractor
traktor
el potrillo
varss
el burro
eesel
la oveja
lammas
el cordero
lambatall

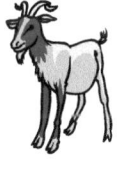

la cabra

kits

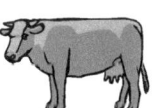

la vaca

lehm

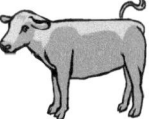

el ternero

vasikas

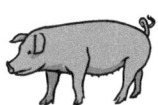

el cerdo

siga

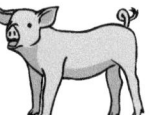

el lechón

põrsas

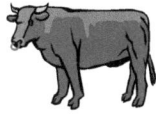

el toro

pull

el ganso

hani

el pato

part

el pollo

tibu

la gallina

kana

el gallo

kukk

la rata

rott

el gato

kass

el ratón

hiir

el buey

härg

el perro

koer

la cucha

koerakuut

la manguera

aiavoolik

la regadera

kastekann

la guadaña

vikat

el arado

ader

la hoz
sirp

la azada
kõblas

la horquilla
hang

el hacha
kirves

la carretilla
käru

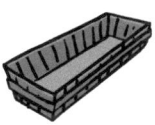
el abrevadero
küna

la lechera
piimanõu

la bolsa
kott

la reja
tara

el establo
tall

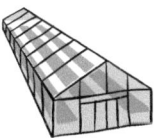
el invernadero
kasvuhoone

el suelo
muld

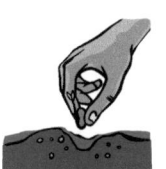
la semilla
seeme

el fertilizador
väetis

la cosechadora
kombain

cosechar

saaki koristama

la cosecha

saagikoristus

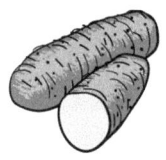

las batatas

jamss

el trigo

nisu

la soja

soja

la papa

kartul

el maíz

mais

la semilla de colza

raps

el árbol frutal

viljapuu

la mandioca

maniokk

los cereales

teravili

la casa

maja

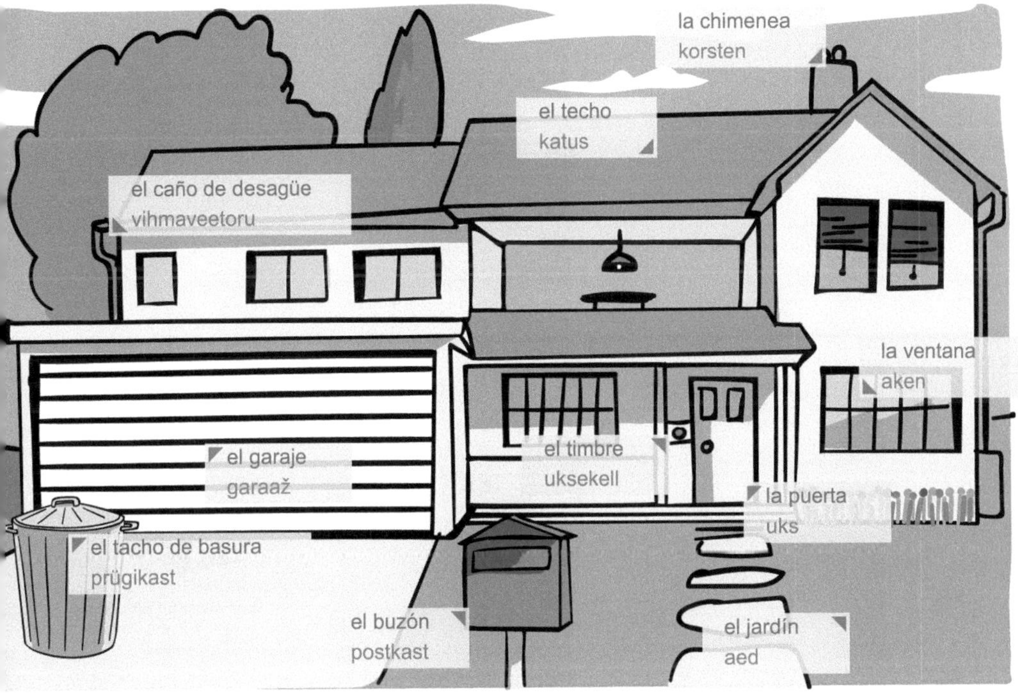
la chimenea
korsten
el techo
katus
el caño de desagüe
vihmaveetoru
la ventana
aken
el timbre
uksekell
el garaje
garaaž
la puerta
uks
el tacho de basura
prügikast
el buzón
postkast
el jardín
aed

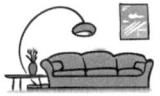

el living

elutuba

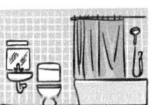

el baño

vannituba

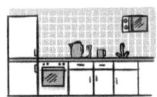

la cocina

köök

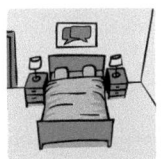

el dormitorio

magamistuba

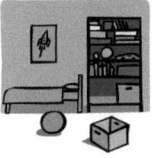

el cuarto de los chicos

lastetuba

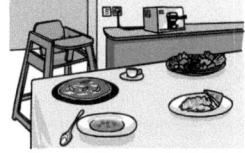

el comedor

söögituba

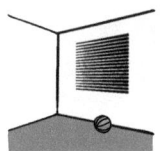

el piso

põrand

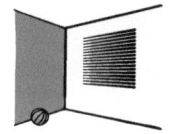

la pared

sein

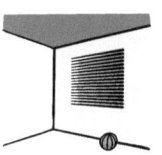

el cielorraso

lagi

el sótano

kelder

el sauna

saun

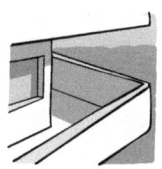

el balcón

rõdu

la terraza

terrass

la pileta

bassein

la cortadora de pasto

muruniiduk

la sábana

voodilina

el acolchado

päevatekk

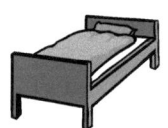

la cama

voodi

la escoba

luud

el balde

ämber

el interruptor

lüliti

el living

elutuba

el empapelado
tapeet
la imagen
pilt
la lámpara
lamp
el estante
riiul
el armario
kapp
la televisión
televiisor
la chimenea
kamin
la flor
lill
el almohadón
padi
el sofá
diivan
el florero
vaas
el control remoto
kaugjuhtimispult

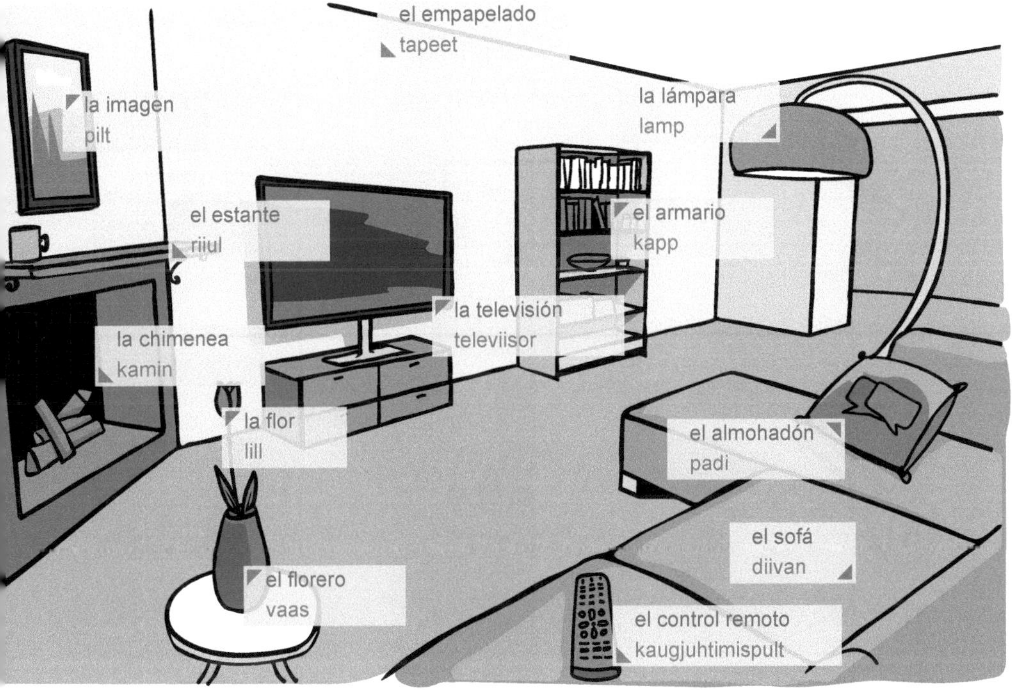

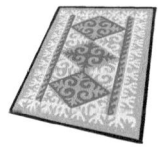

la alfombra

vaip

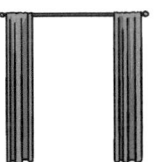

la cortina

kardin

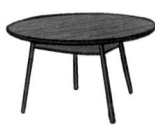

la mesa

laud

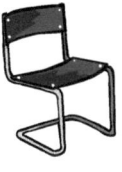

la silla

tool

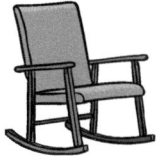

la mecedora

kiiktool

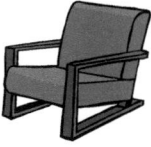

el sillón

tugitool

el libro

raamat

la frazada

tekk

la decoración

kaunistus

la leña

küttepuud

la película

film

el equipo de música

helisüsteem

la llave

võti

el diario

ajaleht

la pintura

maal

el póster

plakat

la radio

raadio

el cuaderno

märkmik

la aspiradora

tolmuimeja

el cactus

kaktus

la vela

küünal

la cocina
köök

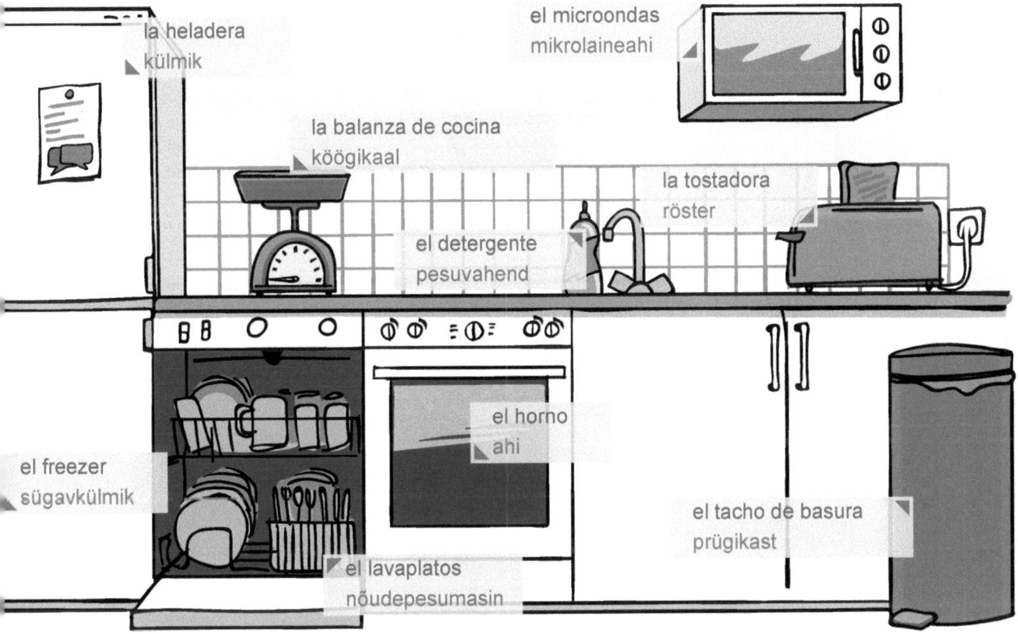

la heladera
külmik
el microondas
mikrolaineahi
la balanza de cocina
köögikaal
la tostadora
röster
el detergente
pesuvahend
el horno
ahi
el freezer
sügavkülmik
el tacho de basura
prügikast
el lavaplatos
nõudepesumasin

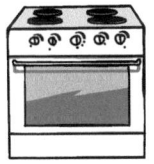

la cocina

pliit

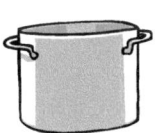

la olla

pott

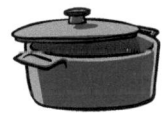

la olla de hierro fundido

malmpott

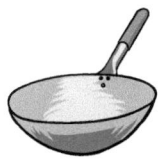

el wok

vokkpann

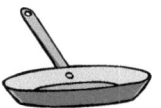

la sartén

pann

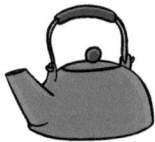

la pava

veekeetja

la vaporera

aurutaja

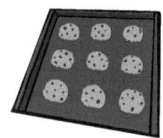

la bandeja de horno

küpsetusplaat

la vajilla

lauanõud

la taza

kruus

el bol

kauss

los palitos

söögipulgad

el cucharón

kulp

la espátula

pannilabidas

la batidora

vispel

el colador

kurn

el colador

sõel

el rallador

riiv

el mortero

uhmer

la parrilla

grill

la fogata

lahtine tuli

la tabla de picar

lõikelaud

el palo de amasar

tainarull

el sacacorchos

korgitser

la lata

konservipurk

el abrelatas

konserviavaja

la manopla

pajakinnas

la pileta

kraanikauss

el cepillo

hari

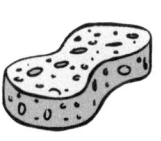

la esponja

pesukäsn

la batidora

kannmikser

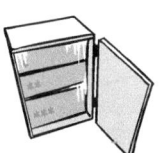

el congelador

sügavkülmuti

la mamadera

lutipudel

la canilla

segisti

la ducha
dušš

la calefacción
küte

la toalla
käterätik

la cortina de la ducha
dušikardin

el baño de espuma
mullivann

la bañadera
vann

el vaso
klaas

la bañadera
vann

el lavarropas
pesumasin

la canilla
segisti

las baldosas
plaadid

la pelela
pissipott

la pileta
kraanikauss

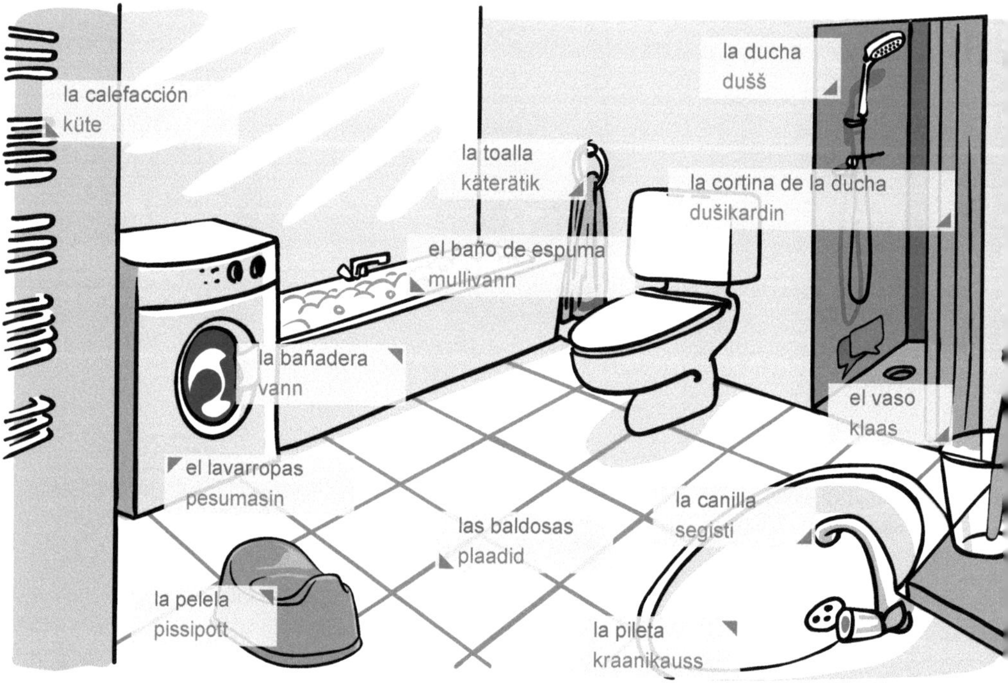

el inodoro
WC-pott

la letrina
kükitamistualett

el bidé
bidee

el mingitorio
pissuaar

el papel higiénico
tualettpaber

el cepillo para el inodoro
WC-hari

el cepillo de dientes

hambahari

el dentífrico

hambapasta

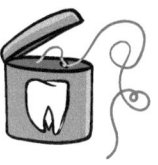

el hilo dental

hambaniit

lavar

pesema

la ducha de mano

käsidušš

la ducha higiénica

intiimdušš

la palangana

pesukauss

el cepillo para la espalda

seljahari

el jabón

seep

el gel de ducha

dušigeel

el shampoo

šampoon

la toallita

vamm

el desagüe

äravool

la crema

kreem

el desodorante

deodorant

el espejo

peegel

el espejito

käsipeegel

la maquinita de afeitar

habemenuga

la espuma de afeitar

raseerimisvaht

el aftershave

habemevesi

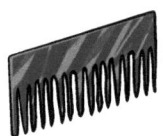

el peine

kamm

el cepillo

hari

el secador de pelo

föön

el spray

juukselakk

el maquillaje

meigikomplekt

el lápiz de labios

huulepulk

el esmalte para uñas

küünelakk

el algodón

vatt

la tijera para uñas

küünekäärid

el perfume

parfüüm

el portacosméticos
tualett-tarvete kott

la banqueta
taburet

la balanza
kaal

la bata
hommikumantel

los guantes de goma
kummikindad

el tampón
tampoon

la toallita femenina
hügieeniside

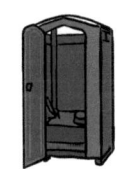

el baño químico
keemiline tualett

el cuarto de los chicos
lastetuba

el despertador
äratuskell
el peluche
pehme mänguasi
el coche de juguete
mänguauto
el sonajero
kõristi
la casa de muñecas
nukumaja
el regalo
kingitus

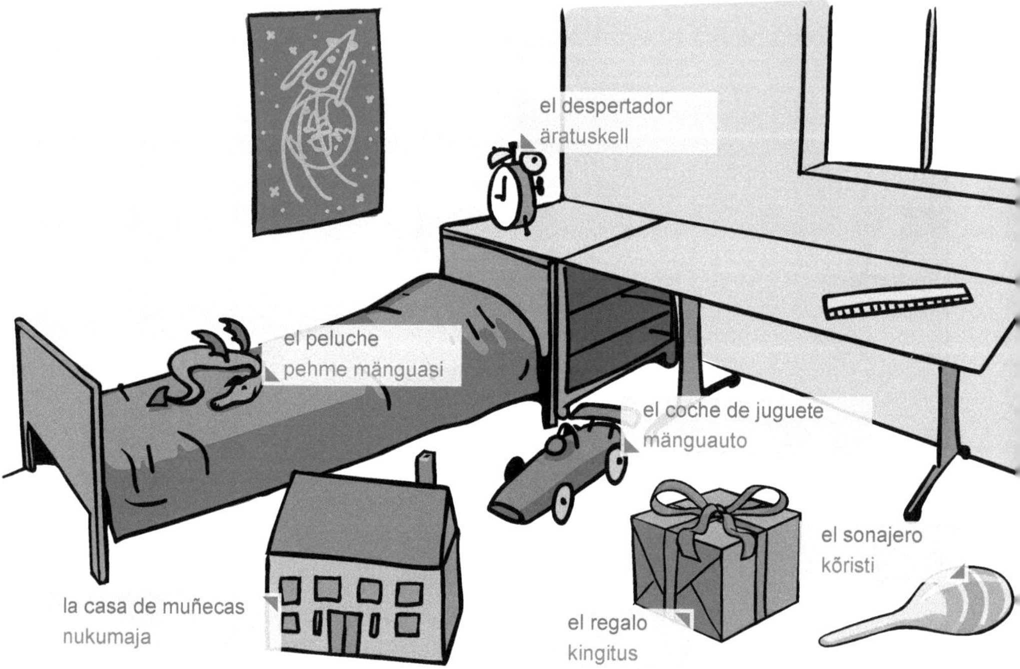

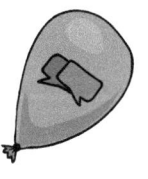

el globo
õhupall

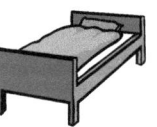

la cama
voodi

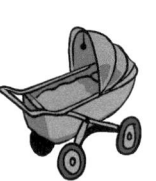

el cochecito
lapsevanker

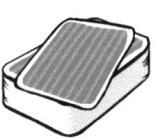

las cartas
kaardipakk

el rompecabezas
pusle

SUPER
MEGA

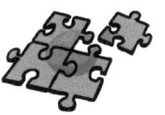

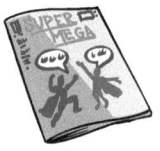

la historieta
koomiks

las piezas de lego
....
Lego klotsid

los ladrillos de juguete
....
klotsid

la figura de acción
....
kujuke

el enterito (de bebé)
....
siputuspüksid

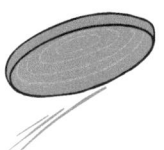

el frisbee
....
lendav taldrik

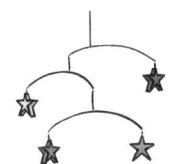

el móvil para bebés
....
voodikarussell

el juego de mesa
....
lauamäng

los dados
....
täringud

el tren eléctrico
....
mudelrong

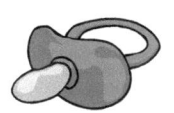

el chupete
....
lutt

la fiesta
....
pidu

el libro de cuentos ilustrado
....
pildiraamat

la pelota
....
pall

la muñeca
....
nukk

jugar
....
mängima

el arenero

liivakast

la hamaca

kiik

los juguetes

mänguasjad

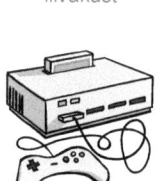

la consola de videojuegos

mängukonsool

el triciclo

kolmerattaline jalgratas

el osito de peluche

mängukaru

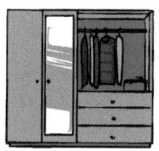

el armario

riidekapp

la ropa
riietus

las medias

sokid

las medias panty

sukad

las calzas

sukkpüksid

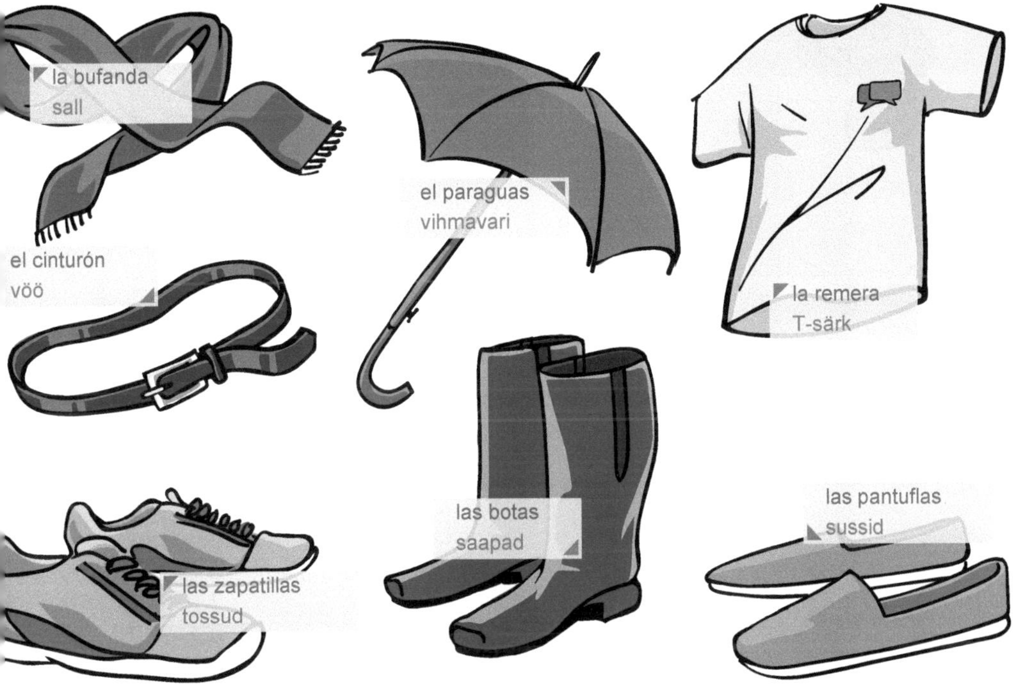

la bufanda
sall

el paraguas
vihmavari

el cinturón
vöö

la remera
T-särk

las botas
saapad

las pantuflas
sussid

las zapatillas
tossud

las sandalias
sandaalid

los zapatos
jalatsid

las botas de goma
kummikud

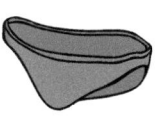

la ropa interior
aluspüksid

el corpiño
rinnahoidja

el chaleco
vest

la ropa - riietus

el body
bodi

los pantalones
püksid

los jeans
teksapüksid

la pollera
seelik

la blusa
pluus

la camisa
särk

el pulóver
sviiter

el buzo
dressipluus

el blazer
bleiser

la campera
jakk

el tapado
mantel

el piloto
vihmamantel

el traje
kostüüm

el vestido
kleit

el vestido de novia
pulmakleit

el traje

ülikond

el camisón

öösärk

el pijama

pidžaama

el sari

sari

el pañuelo para la cabeza

pearätt

el turbante

turban

la burka

burka

el caftán

kaftan

la abaya

abayah

el traje de baño

ujumistrikoo

el short de baño

ujumispüksid

los shorts

lühikesed püksid

el jogging

dressid

el delantal

põll

los guantes

kindad

el botón
nööp

los anteojos
prillid

la pulsera
käevõru

el collar
kaelakee

el anillo
sõrmus

el aro
kõrvarõngas

la gorra
nokamüts

la percha
riidepuu

el sombrero
kaabu

la corbata
lips

el cierre
tõmblukk

el casco
kiiver

los tiradores
traksid

el uniforme escolar
koolivorm

el uniforme
vormirõivad

el babero
pudipõll

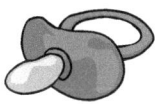

el chupete
lutt

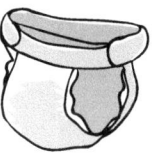

el pañal
mähe

la oficina
kontor

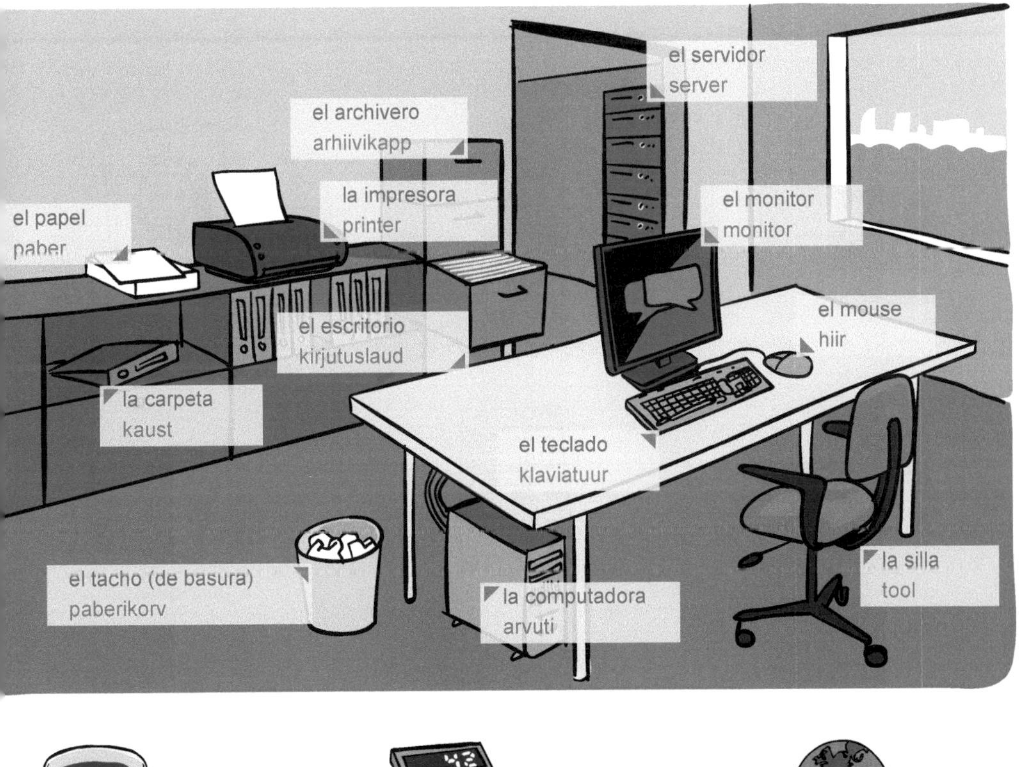

el servidor
server

el archivero
arhiivikapp

la impresora
printer

el papel
paber

el monitor
monitor

el escritorio
kirjutuslaud

el mouse
hiir

la carpeta
kaust

el teclado
klaviatuur

el tacho (de basura)
paberikorv

la silla
tool

la computadora
arvuti

la taza de café
kohvikruus

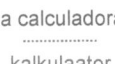

la calculadora
kalkulaator

el internet
internet

la laptop
sülearvuti

la carta
kiri

el mensaje
sõnum

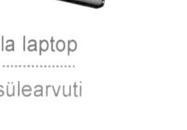

el celular
mobiiltelefon

la red
võrk

la fotocopiadora
koopiamasin

el software
tarkvara

el teléfono
telefon

el tomacorriente
pistikupesa

el fax
faksimasin

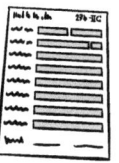

el formulario
vorm

el documento
dokument

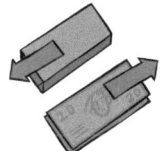

comprar
ostma

pagar
maksma

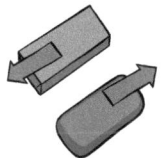

hacer negocios
vahetama

el dinero
raha

el dólar
dollar

el euro
euro

el yen
jeen

el rublo
rubla

el franco suizo
Šveitsi frank

el yuan
renminbi jüaan

la rupia
ruupia

el cajero automático
sularahaautomaat

la casa de cambio

valuutavahetuspunkt

el oro

kuld

la plata

hõbe

el petróleo

nafta

la energía

energia

el precio

hind

el contrato

leping

el impuesto

maks

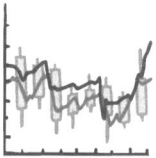

la acción

aktsia

trabajar

töötama

el empleado

töötaja

el empleador

tööandja

la fábrica

tehas

el negocio

kauplus

el policía
politseinik

el bombero
tuletõrjuja

el cocinero
kokk

el médico
arst

el piloto
piloot

el jardinero
aednik

el carpintero
puusepp

la modista
õmbleja

el juez
kohtunik

el farmacéutico
keemik

el actor
näitleja

el colectivero

bussijuht

el taxista

taksojuht

el pescador

kalamees

la mucama

koristaja

el techista

katusepaigaldaja

el mozo

kelner

el cazador

jahimees

el pintor

maaler

el panadero

pagar

el electricista

elektrik

el albañil

ehitaja

el ingeniero

insener

el carnicero

lihunik

el plomero

torumees

el cartero

postiljon

el soldado

sõdur

el arquitecto

arhitekt

el cajero

kassapidaja

el florista

lillemüüja

el peluquero

juuksur

el cobrador

piletikontrolör

el mecánico

mehaanik

el capitán

kapten

el dentista

hambaarst

el científico

teadlane

el rabino

rabi

el imán

imaam

el monje

munk

el sacerdote

preester

las herramientas
tööriistad

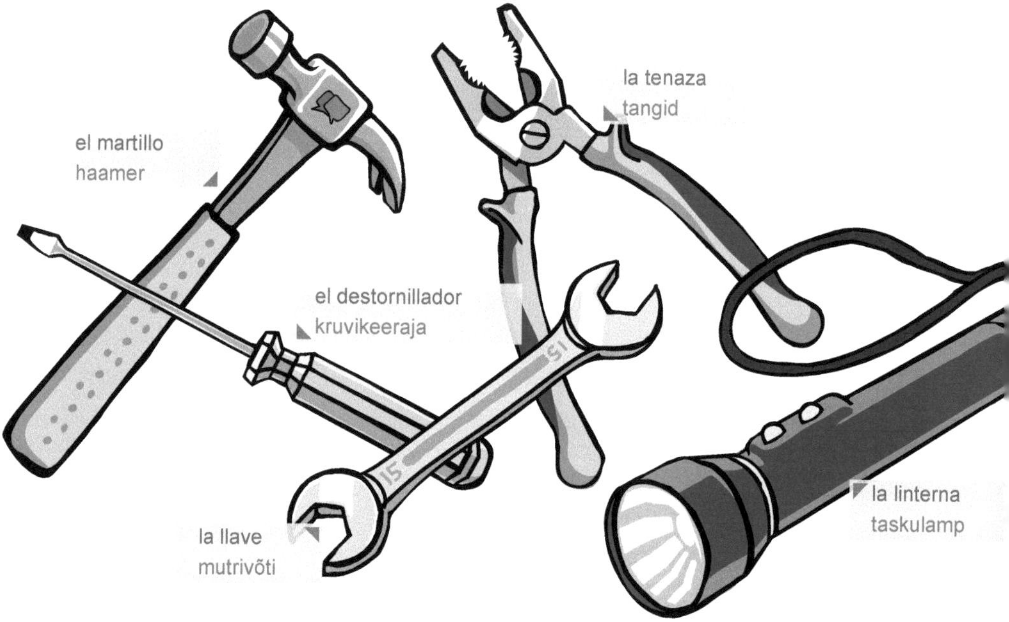

el martillo
haamer
la tenaza
tangid
el destornillador
kruvikeeraja
la llave
mutrivõti
la linterna
taskulamp

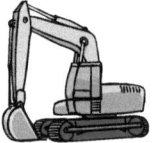

la excavadora

ekskavaator

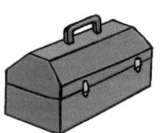

la caja de herramientas

tööriistakast

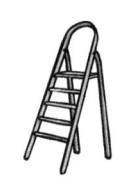

la escalera portátil

redel

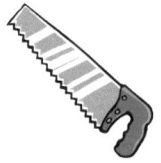

la sierra

saag

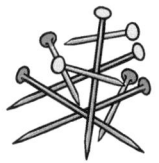

los clavos

naelad

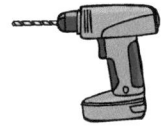

el taladro

trell

arreglar

parandama

la pala de jardín

labidas

¡Qué bronca!

Põrgusse!

la pala de plástico

kühvel

el tacho de pintura

värvipott

los tornillos

kruvid

los instrumentos musicales
pillid

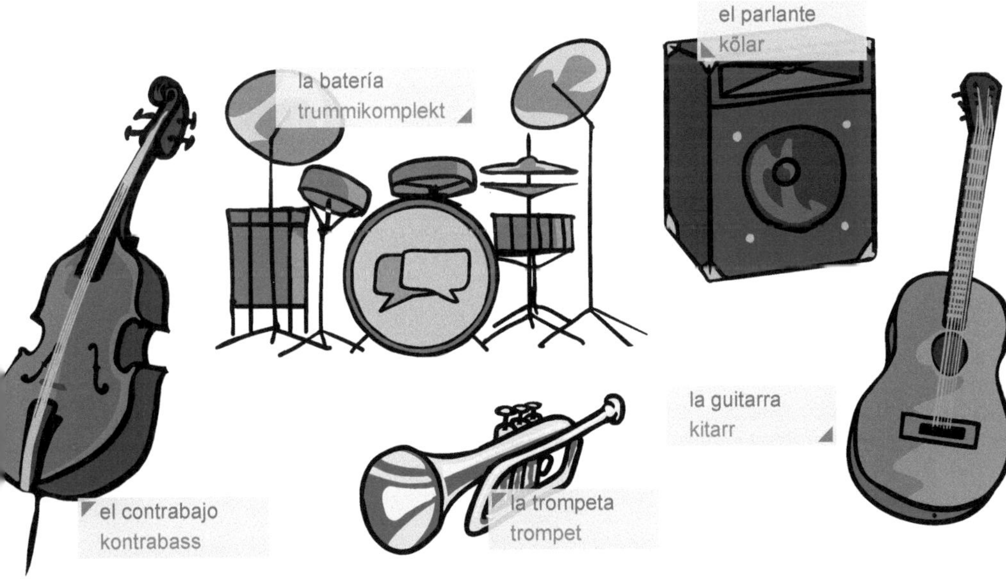

el parlante
kõlar

la batería
trummikomplekt

la guitarra
kitarr

el contrabajo
kontrabass

la trompeta
trompet

el piano

klaver

el violín

viiul

el bajo

bass

los timbales

timpan

el tambor

trummid

el teclado

süntesaator

el saxofón

saksofon

la flauta

flööt

el micrófono

mikrofon

el zoológico
loomaaed

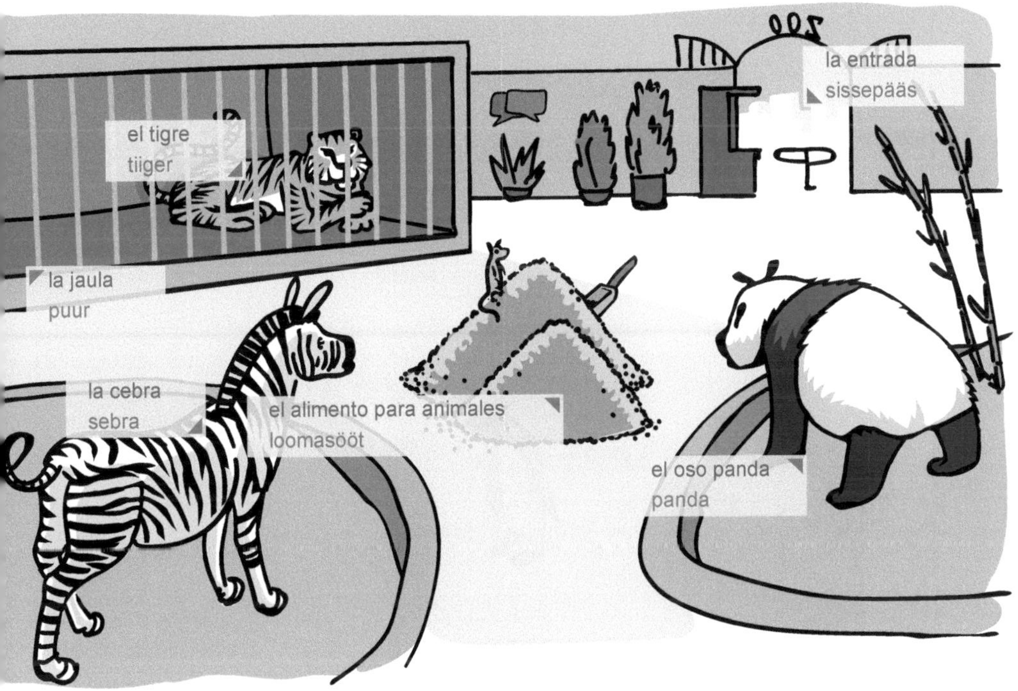
la entrada
sissepääs
el tigre
tiiger
la jaula
puur
la cebra
sebra
el alimento para animales
loomasööt
el oso panda
panda

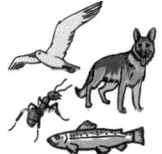

los animales

loomad

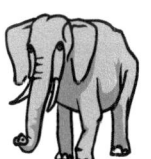

el elefante

elevant

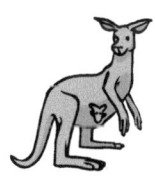

el canguro

känguru

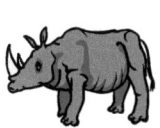

el rinoceronte

ninasarvik

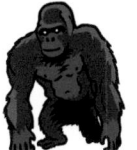

el gorila

gorilla

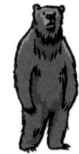

el oso

karu

el camello

kaamel

el avestruz

jaanalind

el león

lõvi

el mono

ahv

el flamenco

flamingo

el loro

papagoi

el oso polar

jääkaru

el pingüino

pingviin

el tiburón

hai

el pavo real

paabulind

la serpiente

madu

el cocodrilo

krokodill

el cuidador del zoológico

loomaaiatalitaja

la foca

hüljes

el jaguar

jaaguar

el poni

poni

el leopardo

leopard

el hipopótamo

jõehobu

la jirafa

kaelkirjak

el águila

kotkas

el jabalí

metssiga

el pescado

kala

la tortuga

kilpkonn

la morsa

morsk

el zorro

rebane

la gacela

gasell

el fútbol americano
Ameerika jalgpall

el ciclismo
jalgrattasõit

el tenis
tennis

el básquet
korvpall

la natación
ujumine

el boxeo
poksimine

el hockey sobre hielo
jäähoki

el fútbol

jalgpall

el bádminton

sulgpall

el atletismo

kergejõustik

el handball

käsipall

el esquí

suusatamine

el polo

polo

las actividades
tegevused

saltar
hüppama
abrazar
kallistama
reír
naerma
caminar
jalutama
cantar
laulma
soñar
unistama
rezar
palvetama
besar
suudlema

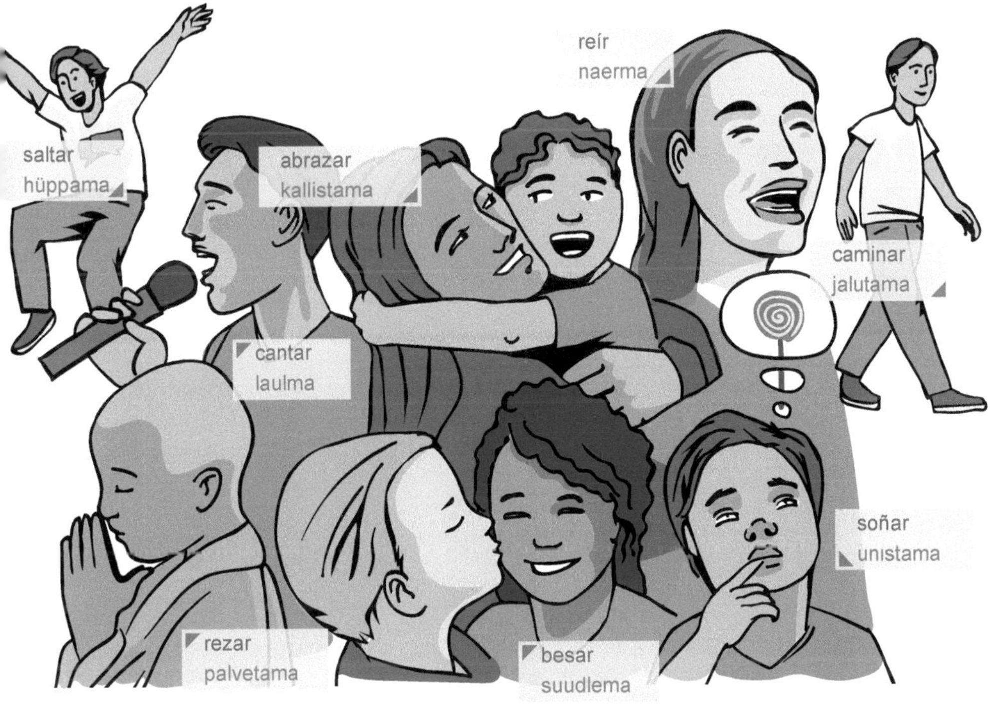

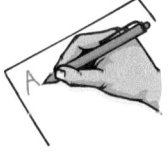

escribir

kirjutama

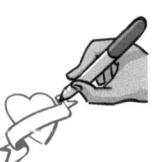

dibujar

joonistama

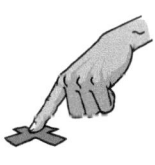

mostrar

näitama

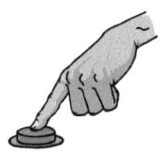

presionar

lükkama

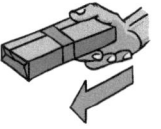

dar

andma

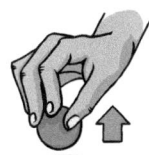

tomar

võtma

tener
omama

hacer
tegema

ser
olema

estar parado
seisma

correr
jooksma

tirar
tõmbama

tirar
viskama

caer
kukkuma

estar acostado
lamama

esperar
ootama

llevar
kandma

estar sentado
istuma

vestirse
riidesse panema

dormir
magama

despertar
ärkama

mirar

vaatama

llorar

nutma

acariciar

paitama

peinar

kammima

hablar

rääkima

entender

aru saama

preguntar

küsima

escuchar

kuulama

beber

jooma

comer

sööma

ordenar

korrastama

amar

armastama

cocinar

süüa tegema

manejar

sõitma

volar

lendama

navegar
purjetama

calcular
arvutama

leer
lugema

aprender
õppima

trabajar
töötama

casarse
abielluma

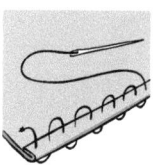

coser
õmblema

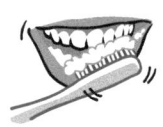

cepillarse los dientes
hambaid pesema

matar
tapma

fumar
suitsetama

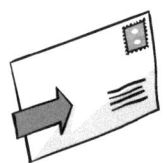

enviar
saatma

la familia
perekond

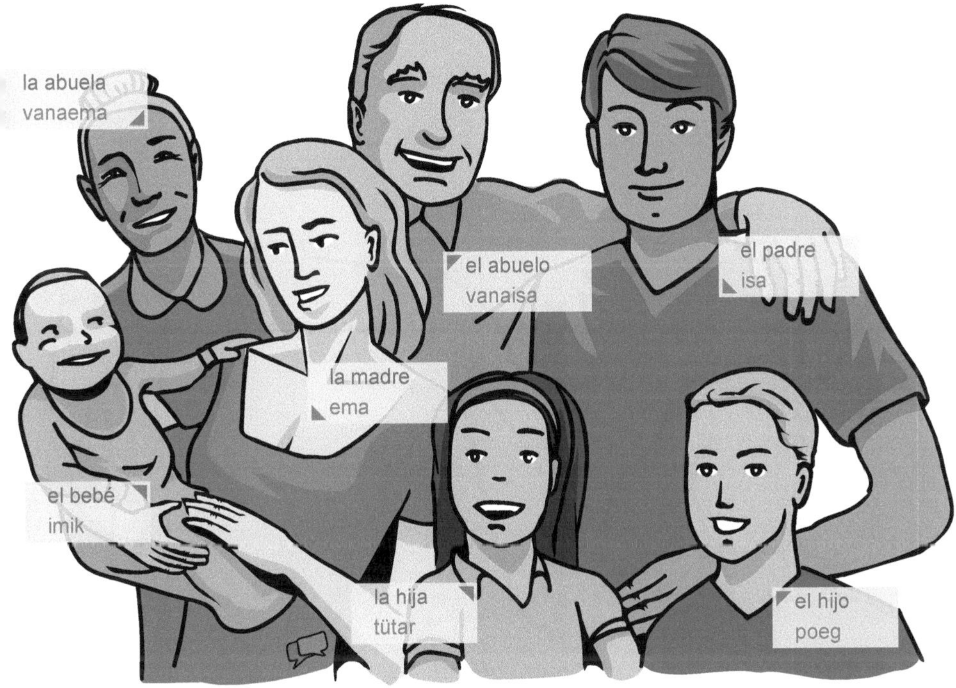
la abuela
vanaema
el abuelo
vanaisa
el padre
isa
la madre
ema
el bebé
imik
la hija
tütar
el hijo
poeg

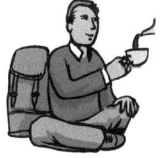

el invitado

külaline

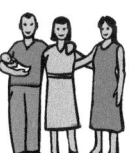

la tía

tädi

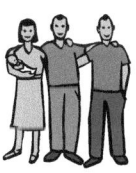

el tío

onu

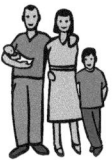

el hermano

vend

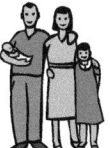

la hermana

õde

el cuerpo
keha

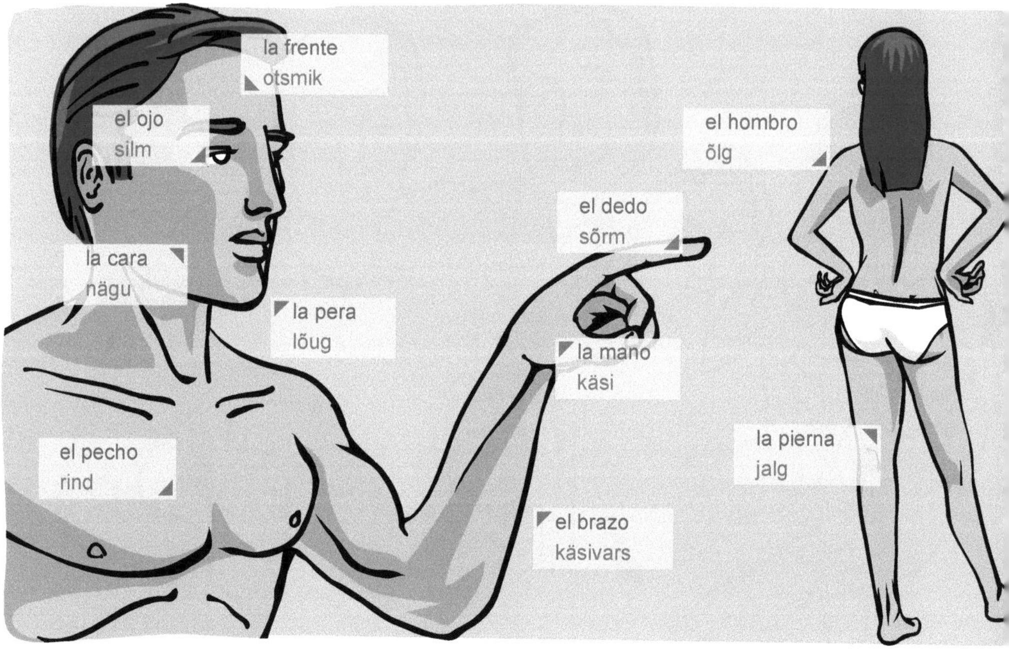

la frente
otsmik

el ojo
silm

el hombro
õlg

el dedo
sõrm

la cara
nägu

la pera
lõug

la mano
käsi

el pecho
rind

la pierna
jalg

el brazo
käsivars

el bebé

imik

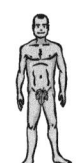

el hombre

mees

la mujer

naine

la nena

tüdruk

el nene

poiss

la cabeza

pea

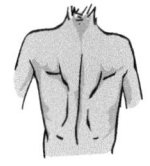

la espalda
selg

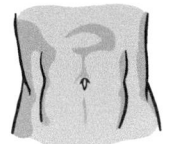

la panza
kõht

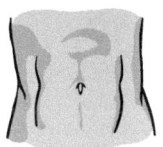

el ombligo
naba

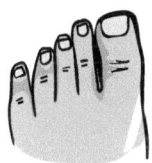

el dedo del pie
varvas

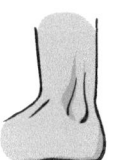

el talón
kand

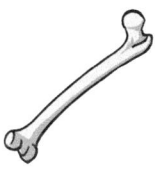

el hueso
luu

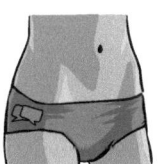

la cadera
puus

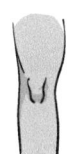

la rodilla
põlv

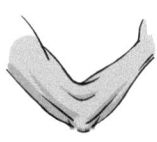

el codo
küünarnukk

la nariz
nina

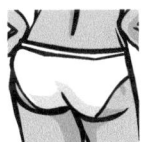

la cola
tagumik

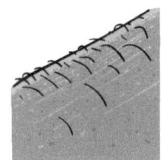

la piel
nahk

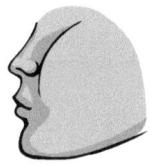

el cachete
põsk

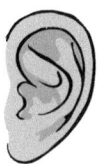

la oreja
kõrv

el labio
huuled

la boca

suu

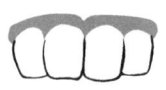

el diente

hammas

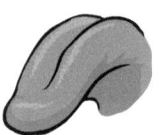

la lengua

keel

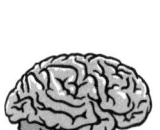

el cerebro

aju

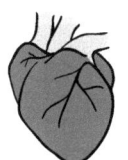

el corazón

süda

el músculo

lihas

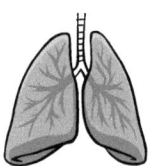

el pulmón

kops

el hígado

maks

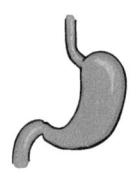

el estómago

magu

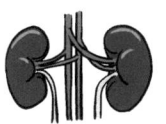

los riñones

neerud

el sexo

seksuaalvahekord

el preservativo

kondoom

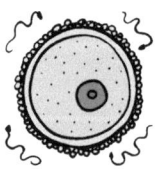

el óvulo

munarakk

el semen

sperma

el embarazo

rasedus

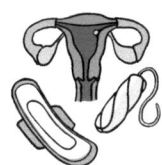

la menstruación

menstruatsioon

la vagina

vagiina

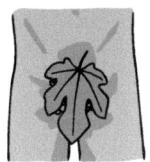

el pene

peenis

la ceja

kulm

el pelo

juuksed

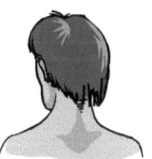

el cuello

kael

el hospital
haigla

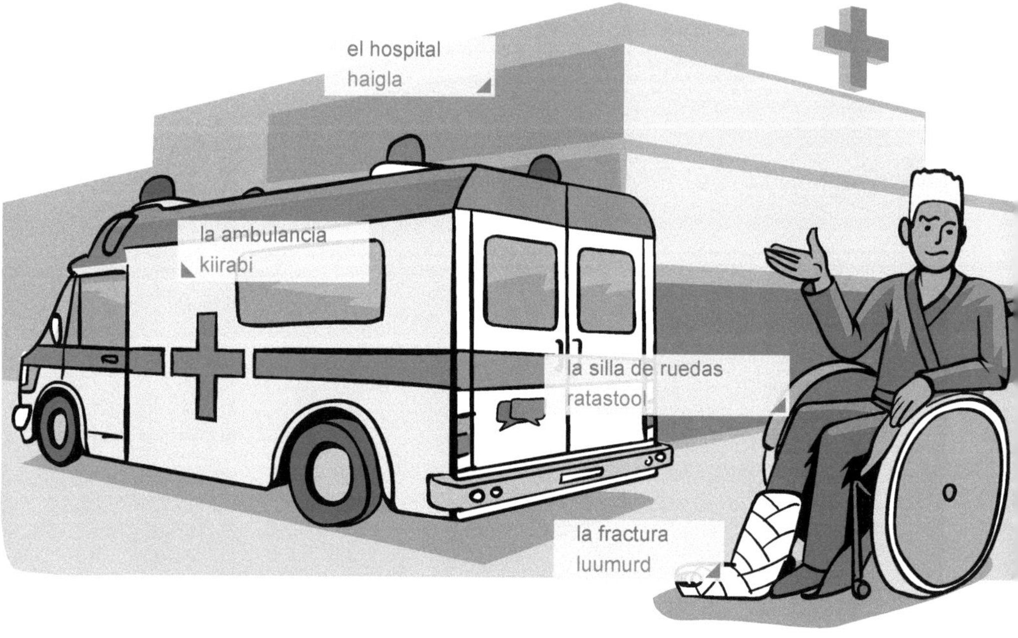

el hospital
haigla
la ambulancia
kiirabi
la silla de ruedas
ratastool
la fractura
luumurd

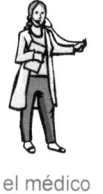

el médico
arst

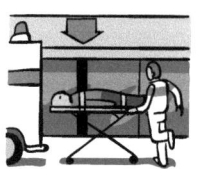

la sala de guardia
traumapunkt

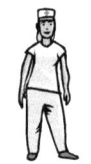

la enfermera
meditsiiniõde

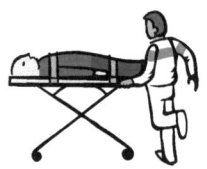

la emergencia
hädaolukord

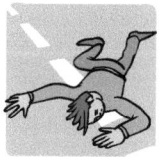

inconsciente
teadvuseta

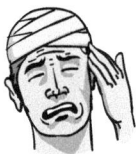

el dolor
valu

la lesión

vigastus

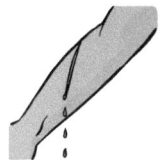

la hemorragia

verejooks

el infarto

südamerabandus

el ACV

insult

la alergia

allergia

la tos

köha

la fiebre

palavik

la gripe

gripp

la diarrea

kõhulahtisus

el dolor de cabeza

peavalu

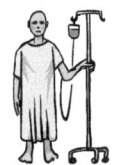

el cáncer

vähk

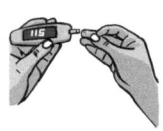

la diabetes

diabeet

el cirujano

kirurg

el bisturí

skalpell

la operación

operatsioon

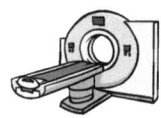

la TC

KT

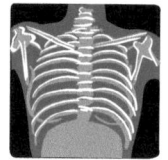

los rayos x

röntgen

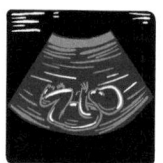

la ecografía

ultraheli

el barbijo

mask

la enfermedad

haigus

la sala de espera

ooteruum

la muleta

kark

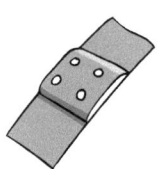

la curita

kips

la venda

side

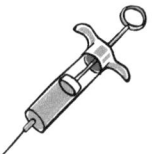

la inyección

süst

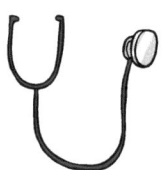

el estetoscopio

stetoskoop

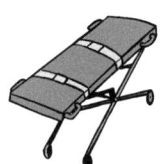

la camilla

kanderaam

el termómetro

kraadiklaas

el nacimiento

sünd

el sobrepeso

ülekaaluline

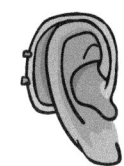

el audífono

kuuldeaparaat

el desinfectante

desinfektsioonivahend

la infección

põletik

el virus

viirus

el VIH / SIDA

HIV / AIDS

el remedio

meditsiin

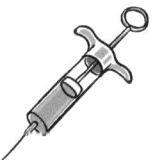

la vacunación

vaktsineerimine

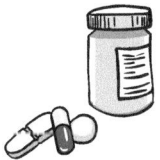

los comprimidos

tabletid

la pastilla anticonceptiva

pill

llamada de emergencia

hädaabikõne

el tensiómetro

vererõhuaparaat

enfermo / sano

haige / terve

el hospital - haigla

¡Ayuda!

Appi!

la alarma

häire

la agresión

kallaletung

el ataque

rünnak

el peligro

oht

la salida de emergencia

avariiväljapääs

¡Fuego!

Tulekahju!

el matafuego

tulekustuti

el accidente

õnnetus

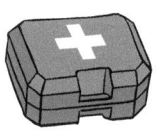

el botiquín de primeros auxilios

esmaabikomplekt

el SOS

SOS

la policía

politsei

Europa

Euroopa

América del Norte

Põhja-Ameerika

América del Sur

Lõuna-Ameerika

África

Aafrika

Asia

Aasia

Australia

Austraalia

el Atlántico

Atlandi ookean

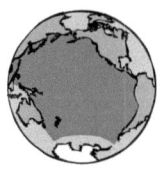

el Pacífico

Vaikne ookean

el Océano Índico

India ookean

el Océano Antártico

Lõuna-Jäämeri

el Océano Ártico

Põhja-Jäämeri

el polo norte

põhjapoolus

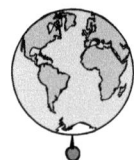

el polo sur

lõunapoolus

la Antártida

Antarktika

la Tierra

Maa

la tierra

maismaa

el mar

meri

la isla

saar

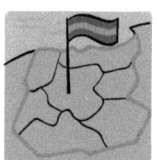

la nación

rahvus

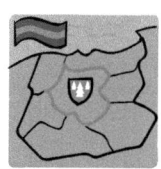

el estado

riik

la esfera

sihverplaat

la manecilla de las horas

tunniosuti

el minutero

minutiosuti

el segundero

sekundiosuti

¿Qué hora es?

Mis kell on?

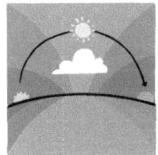

el día

päev

la hora

aeg

ahora

praegu

el reloj digital

digitaalne kell

el minuto

minut

la hora

tund

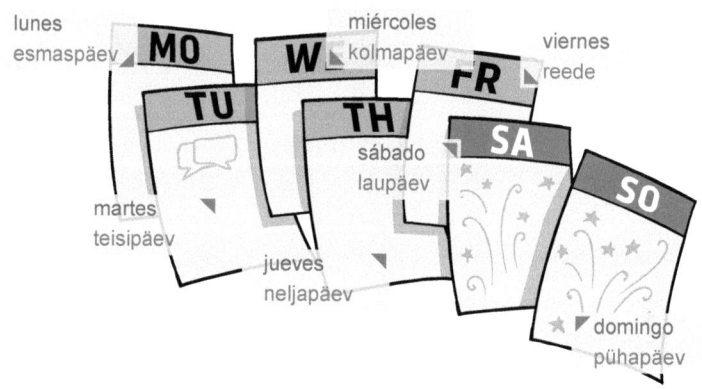

lunes
esmaspäev

miércoles
kolmapäev

viernes
reede

martes
teisipäev

sábado
laupäev

jueves
neljapäev

domingo
pühapäev

ayer

eile

hoy

täna

mañana

homme

la mañana

hommik

el mediodía

lõuna

la tarde

õhtu

MO	TU	WE	TH	FR	SA	SU
1	2	3	4	5	6	7
8	9	10	11	12	13	14
15	16	17	18	19	20	21
22	23	24	25	26	27	28
29	30	31	1	2	3	4

los días hábiles

tööpäevad

MO	TU	WE	TH	FR	SA	SU
1	2	3	4	5	6	7
8	9	10	11	12	13	14
15	16	17	18	19	20	21
22	23	24	25	26	27	28
29	30	31	1	2	3	4

el fin de semana

nädalavahetus

la lluvia
vihm

el arco iris
vikerkaar

la nieve
lumi

el viento
tuul

la primavera
kevad

el otoño
sügis

el verano
suvi

el invierno
talv

4.APRIL	11°	☀
5.APRIL	4°	☁
6.APRIL	13°	☔
7.APRIL	8°	❄
8.APRIL	10°	☀

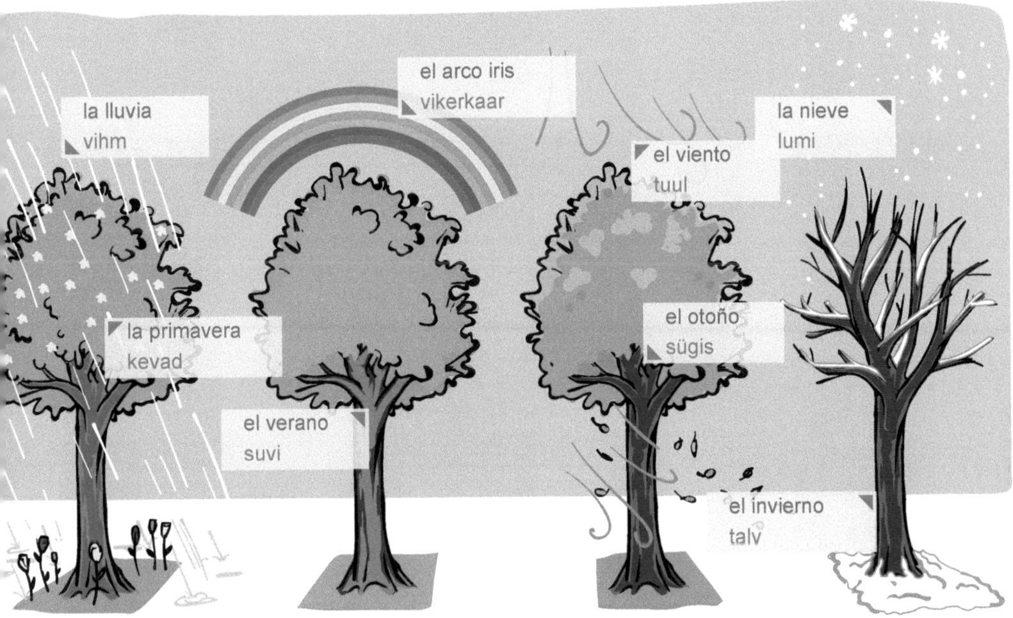

pronóstico meteorológico

ilmaennustus

el termómetro

termomeeter

la luz del sol

päikesepaiste

la nube

pilv

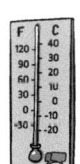

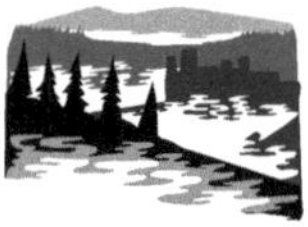

la niebla

udu

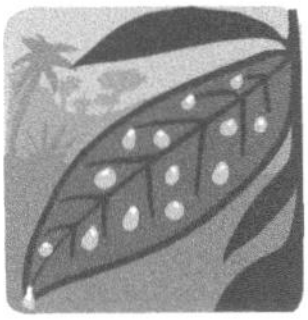

la humedad

niiskus

el rayo
pikne

el trueno
kõu

la tormenta
torm

el granizo
rahe

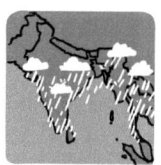

el monzón
mussoon

la inundación
üleujutus

el hielo
jää

enero
jaanuar

febrero
veebruar

marzo
märts

abril
aprill

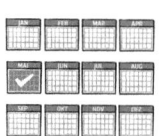

mayo
mai

junio
juuni

julio
juuli

agosto
august

el año - aasta

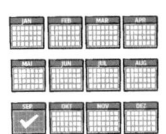

septiembre
....
september

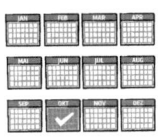

octubre
....
oktoober

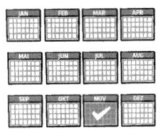

noviembre
....
november

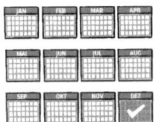

diciembre
....
detsember

el círculo
....
ring

el cuadrado
....
ruut

el rectángulo
....
nelinurk

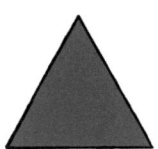

el triángulo
....
kolmnurk

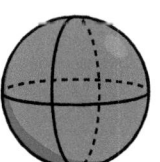

la esfera
....
kera

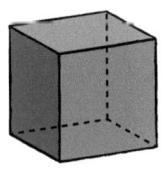

el cubo
....
kuup

colores
värvid

blanco
valge

amarillo
kollane

naranja
oranž

rosa
roosa

rojo
punane

violeta
lilla

azul
sinine

verde
roheline

marrón
pruun

gris
hall

negro
must

mucho / poco

palju / vähe

enojado / tranquilo

vihane / rahulik

lindo / feo

ilus / inetu

el principio / el fin

algus / lõpp

grande / chico

suur / väike

claro / oscuro

hele / tume

el hermano / la hermana

vend / õde

limpio / sucio

puhas / must

completo / incompleto

täielik / puudulik

el día / la noche

päev / öö

muerto / vivo

surnud / elus

ancho / angosto

lai / kitsas

comestible / no comestible

söödav / mittesöödav

malo / amable

kuri / sõbralik

entusiasmado / aburrido

põnevil / tüdinud

gordo / flaco

paks / peenike

primero / último

esimene / viimane

el amigo / el enemigo

sõber / vaenlane

lleno / vacío

täis / tühi

duro / blando

kõva / pehme

pesado / liviano

raske / kerge

el hambre / la sed

nälg / janu

enfermo / sano

haige / terve

ilegal / legal

ebaseaduslik / seaduslik

inteligente / estúpido

tark / rumal

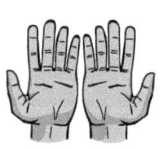

izquierda / derecha

vasak / parem

cerca / lejos

lähedal / kaugel

los opuestos - vastandid

nuevo / usado
uus / kasutatud

nada / algo
mitte midagi / midagi

viejo / joven
vana / noor

encendido / apagado
sees / väljas

abierto / cerrado
lahti / kinni

silencioso / ruidoso
vaikne / vali

rico / pobre
rikas / vaene

correcto / incorrecto
õige / vale

áspero / suave
kare / sile

triste / contento
kurb / rõõmus

corto / largo
lühike / pikk

lento / rápido
aeglane / kiire

mojado / seco
märg / kuiv

caliente / frío
soe / jahe

guerra / paz
sõda / rahu

0

cero
null

1

uno
üks

2

dos
kaks

3

tres
kolm

4

cuatro
neli

5

cinco
viis

6

seis
kuus

7

siete
seitse

8

ocho
kaheksa

9

nueve
üheksa

10

diez
kümme

11

once
üksteist

12

doce

kaksteist

13

trece

kolmteist

14

catorce

neliteist

15

quince

viisteist

16

dieciséis

kuusteist

17

diecisiete

seitseteist

18

dieciocho

kaheksateist

19

diecinueve

üheksateist

20

veinte

kakskümmend

100

cien

sada

1.000

mil

tuhat

1.000.000

el millón

miljon

el inglés

inglise

el inglés americano

Ameerika inglise

el chino mandarín

mandariini

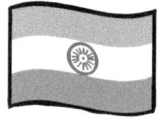

el hindi

hindi

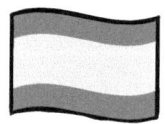

el español

hispaania

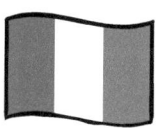

el francés

prantsuse

el árabe

araabia

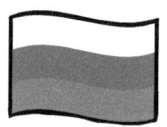

el ruso

vene

el portugués

portugali

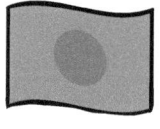

el bengalí

bengali

el alemán

saksa

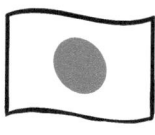

el japonés

jaapani

yo

mina

vos

sina

él / ella

tema

nosotros

meie

ustedes

teie

ellos

nemad

¿quién?

kes?

¿qué?

mis?

¿cómo?

kuidas?

¿dónde?

kus?

¿cuándo?

millal?

el nombre

nimi

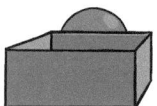

detrás

taga

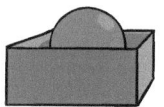

en

sees

adelante de

ees

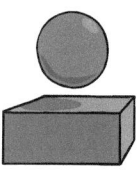

por encima de

kohal

sobre

peal

debajo de

all

al lado de

kõrval

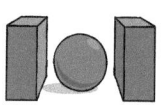

entre

vahel

el lugar

koht